Martina Dannheimer

1 Tag in München – Martinas Kurztrip in die Weltstadt mit Herz

Bibliografische Information der Deutschen Nationalbibliothek:

Die Deutsche Nationalbibliothek verzeichnet diese Publikation in der Deutschen Nationalbibliografie; detaillierte bibliografische Daten sind im Internet über http://dnb.d-nb.de abrufbar.

Impressum:

Lektorat: Caroline Schnitzer, Peter Schmid-Meil

Copyright © 2013 GRIN & Travel

Ein Imprint der GRIN Verlag GmbH

travel.grin.com

- **DIE LUST AN STÄDTEREISEN** 4
- **VON DER WIESN BIS ZUM ISARTOR** 5
  - Vorfreude auf der Theresienwiese 5
  - Das Sendlinger Tor und das Glockenbachviertel 6
  - Schlemmen am Viktualienmarkt 7
  - Alter Peter und Isartor 8
- **DIE BERÜHMTESTEN PLÄTZE IN MÜNCHEN** 9
  - Alle schauen nach oben – am Marienplatz 9
  - Klassik und vieles mehr am Odeonsplatz 10
  - Der Hofgarten – ein bisschen königliches Ambiente 11
  - Natur in Hülle und Fülle – Der Englische Garten 13
- **PRUNK UND BRAUEREI** 14
  - Die Münchener Schickeria – auf der Maximiliansstraße 14
  - Bierpalast – das Hofbräuhaus 16
- **SHOPPING IN MÜNCHEN** 17
  - Normale Preise in der Kaufingerstraße 17
  - Erinnerungen am Stachus 18
- **MEIN FAZIT** 20
- **LINKS ZU MÜNCHEN** 21
- **BILDNACHWEIS** 21

Die Lust an Städtereisen

„Nicht nur lange Reisen machen Spaß" ist das Motto, nach dem ich lebe und meine Reiselust stille. Mit meinen Berichten „1 Tag in ..." möchte ich zu Kurztrips inspirieren und zeigen, was man alles an einem einzigen Tag in einer Stadt erleben kann. Hier gibt es jede Menge Tipps zum Nachmachen für alle, die wenig Zeit zum Reisen haben oder deren Geldbeutel – wie meiner – nicht endlos gefüllt ist.

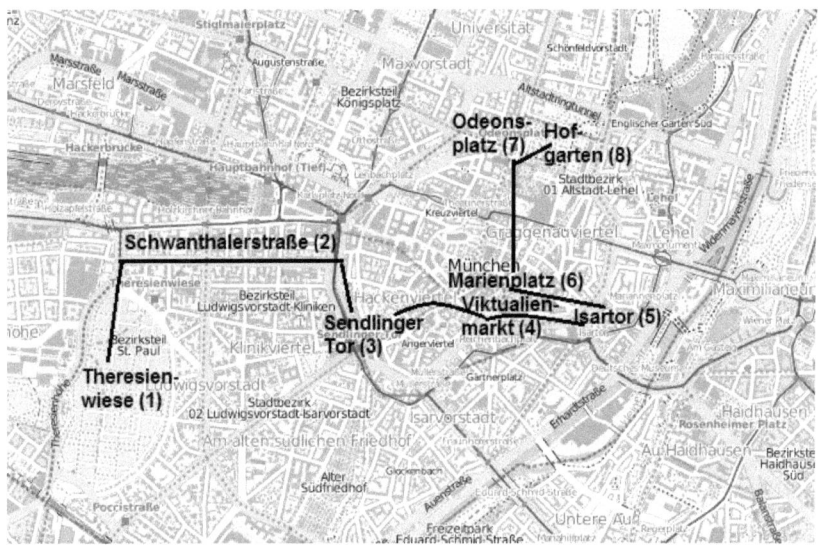

München-Route Teil 1. Quelle: OpenStreetMap und Mitwirkende, CC BY-SA

Von der Wiesn bis zum Isartor

Vorfreude auf der Theresienwiese

Es gibt Dinge, die gibt es eigentlich gar nicht: Ich schmachtete tatsächlich eine Ansammlung von Kränen und Containern an. Allerdings himmelte ich nicht irgendeine x-beliebige Baustelle an, sondern stand mit leuchtenden Augen vor der Theresienwiese (1). Dort würde in wenigen Tagen das Oktoberfest beginnen. Gedanklich schlüpfte ich schon in mein Dirndl und kletterte auf eine Bierbank, um lauthals „I wui wieda hoam" zu grölen. Kurz bevor ich tatsächlich meine Lippen öffnete, rief ich mich selbst zur Contenance.

Die Bavaria - inmitten der Oktoberfest-Baustelle

Ich bin zwar einer der größten Wiesn-Fans, will ich jetzt einfach mal behaupten, doch an diesem Tag stand noch mehr München auf meiner Agenda. Da der Himmel sich im passenden Weiß-Blau präsentierte, war mein Enthusiasmus entsprechend groß. Ich schlenderte die Schwanthalerstraße (2) entlang, bog an deren Ende rechts ab und stand kurze Zeit später am Sendlinger Tor (3).

Das Sendlinger Tor und das Glockenbachviertel

Das Tor in der historischen Altstadt gibt es offiziell seit 1319. Aller Wahrscheinlichkeit nach existiert es sogar weit länger. Als eines von drei erhaltenen Stadttoren Münchens trotzte es sogar der Zerstörungskraft des Zweiten Weltkriegs – die beiden anderen sind übrigens das Isartor und das Karlstor. Heute zählt es nicht bloß zu den Top-Sehenswürdigkeiten Münchens, sondern ist ebenfalls ein beliebter Treffpunkt zum Einkaufsbummel in der Fußgängerzone. Oder zur abendlichen Kneipentour im Glockenbachviertel, dem Viertel der Kreativen, Künstler, Yuppies, Szenegänger und Homosexuellen. Der Stadtteil zwischen Isartor und Sendlinger Tor ist nicht einfach nur Wohngebiet. Hippe Bars, überteuerte Wohnungen, trendige Schuh- und Klamottenläden, Friseurläden au masse stehen auf dem Programm. Wer sich hier niederlässt, tut dies aus Überzeugung. Schon Freddie Mercury quartierte sich in den 80ern in der Hans-Sachs-Straße ein und wurde zum Stammkunden der Kneipe Pimpernel. Übrigens bin ich selbst ein Kind des Glockenbachviertels. Als meine Mama mit mir schwanger war, wohnte sie dort. Das wurde bislang noch in keinem Geschichtsbuch oder Reiseführer erwähnt. Wie gesagt, bislang.

Im zweiten Weltkrieg kaum beschädigt – das Sendlinger Tor

Ich kaufte mir am Sendlinger Tor noch ein Kilo Datteln am Obststand – in der Münchener Innenstadt gibt es selbige zuhauf – und „musste" diese natürlich auch gleich vertilgen. Sonst wäre meine ohnehin schon recht schwere, typische Frauenhandtasche noch gewichtiger geworden. Während ich dann über die Sendlinger Straße zu meinem nächsten Ziel wanderte, war ich über meinen gefüllten Magen ganz froh. Denn ich besuchte den Viktualienmarkt (4).

Schlemmen am Viktualienmarkt

Am Viktualienmarkt lassen sich nicht nur sauleckere Köstlichkeiten erstehen, sondern diese kosten auch ein Vermögen. Dennoch tingelte ich mit Stielaugen von Stand zu Stand und bewunderte exotische Früchte, heimischen Käse, Blumen, Fleisch und eine spektakuläre Auslage an Gewürzen. Beim Saure-Gurken-Stand zückte ich dann doch mein Portemonnaie und gönnte mir eine Leckerei.

Auf optische Leckerbissen musste ich als Besucher ebenfalls nicht verzichten. Vor allem die sechs Brunnendenkmäler, etwa mit Karl Valentin oder Liesl Karlstadt, sind nett anzuschauen. Geöffnet hat der Viktualienmarkt, der 1807 als kleiner Bauern- und Kräutermarkt seine Karriere startete, übrigens fast täglich. Bis auf Sonn- und Feiertage kann man auf dem Gelände zwischen dem „Alten Peter" und der Heilig Geist Kirche seine Einkaufstaschen füllen. Jetzt aber genug, ich wollte dem Peter guten Tag sagen.

Rummel im Biergarten auf dem Viktualienmarkt

Alter Peter und Isartor

Nein, ich hatte (leider) noch keine Bekanntschaft mit einem feschen Bayern-Bub gemacht. Ich traf nur auf die Kirche „Sankt Peter". Sie gilt als die älteste Pfarrkirche Münchens und wurde bereits im 12. Jahrhundert erwähnt. Zwar hätte ich die 306 Stufen zum Turm hinaufsteigen können, ich sparte meine Energien allerdings lieber und spazierte in Richtung Isartor (5). Selbiges ist die östliche Grenze der Münchener Altstadt.

Der Bau des Isartors wurde 1337 abgeschlossen. Ludwig IV. der Bayer hielt damals das Zepter in der Hand. Der Hauptturm des Isartors ist bis heute noch erhalten– anders als beim Sendlinger Tor und Karlstor. Neben dem Hauptturm beeindruckten mich genauso die Flankentürme sowie die dazwischenliegende Mauer mit ihren drei Torbögen. Wie an so vielen Bauwerken hinterließ der Zweite Weltkrieg auch am Isartor seine zerstörerischen Spuren. Eine umfassende Sanierung wurde Anfang der Siebziger Jahre notwendig. Heute begeistert das Stadttor nicht bloß mit seiner imposanten Optik, sondern lockt viele

Besucher in das Karl-Valentin-Museum (Valentin Karlstadt Musäum) in den Flankentürmen.

Die berühmtesten Plätze in München

Alle schauen nach oben – am Marienplatz

Meine weitere Marschroute führte vom Isartor hin zum Marienplatz (6), ins Herz von München. Wer seinen Besuch hier um 11, 12 oder 17 Uhr plant, sollte es nicht eilig haben. Denn das immer gut besuchte Pflaster ist zu jenen Zeiten besonders beliebt. Da es bei meinem Besuch gerade fünf vor elf war, blieb ich wie meine Mitstreiter stehen, guckte hinauf zum Turm des Neuen Rathauses und zückte den Fotoapparat.

Hunderte Touristen betrachteten mit mir das Glockenspiel im Rathausturm

Seit 1908 erzählt hier das weltberühmte Glockenspiel die Geschichte der bayerischen Landeshauptstadt. Die 32 Figuren locken unter der Begleitung melodischer Klänge von 43 Glocken Touristen aus aller Welt. Übrigens befand ich mich gerade am Mittelpunkt der Stadt, beziehungsweise von ganz Bayern. Die

Mariensäule mit der goldenen Maria obenauf gilt als topologischer Mittelpunkt des Bundeslandes. Am Sockel der Säule befinden sich vier Bronzeputten. Kurfürst Maximilian I. ließ im Jahre 1638 die elf Meter hohe Säule errichten, die als Namensgeber des Marienplatzes diente. Die Mariensäule schaffte sogar die Aufnahme in die Liste der Münchener Baudenkmäler. Anmutig verrenkte ich mir deshalb den Hals und schaute gefühlte fünf Minuten nach oben. Bewunderung musste schließlich sein.

Bewunderung verdienen auf dem rund 100 mal 50 Meter großen Platz noch weitere Sehenswürdigkeiten. Etwa das im neugotischen Stil erbaute Neue Rathaus. Ebenso der Fischbrunnen, der bereits seit dem Mittelalter existiert. Zerstört im Zweiten Weltkrieg, baute ihn Josef Henselmann 1954 wieder neu auf. Der Brunnen mit seinem Nagelfluh-Becken und der Mittelsäule samt Bronze-Fisch an der Spitze beherbergt drei wasserschöpfende Metzgergesellen, die an den sogenannten Metzgersprung erinnern. Bis Beginn des Zweiten Weltkriegs wurden am Rosenmontag die Metzgerlehrlinge nach Ausbildungsabschluss in die Freiheit entlassen. Vor Freude hüpften sie dann übermütig ins Brunnenwasser. Noch heute lebt dieser Brauch regelmäßig wieder auf – sprich im Drei-Jahresrhythmus.

Zudem wurde vor einigen Jahrhunderten das Geldbeutelwaschen am Fischbrunnen eingeführt. Ein Brauch, der jedes Jahr am Aschermittwoch aufs Neue auflebt. Dabei wäscht der Münchener Oberbürgermeister im Fischbrunnen das Stadtsäckel, einen leeren Geldbeutel. Es heißt, er sorge somit für die Auffüllung im kommenden Jahr. Ich überlegte, ob ich nach den närrischen Tagen wiederkommen und mein Portemonnaie durchputzen lassen sollte. Eigentlich eine gute Gelegenheit, denn leer wäre es zu diesem Zeitpunkt ganz bestimmt.

Klassik und vieles mehr am Odeonsplatz

In unmittelbarer Nähe zum Marienplatz wartete bereits eine weitere Attraktion auf mich: der Odeonsplatz (7). Dessen Urheber ist Ludwig I., der seinen Hofarchitekten Leo von Klenze mit dem Bau des Platzes beauftragte. Dieser zählt zu Münchens bedeutendsten Architekten. Er verlieh bereits Bauwerken wie der Glypothek, der Residenz oder der Ruhmeshalle seine Handschrift.

Mich erinnerte der Odeonsplatz in erster Linie an Silvester vor fünf Jahren. Verzückt frönte ich dem Feuerwerk, bis ich einen Böller an der Kniescheibe hängen hatte. Zum Glück bin ich zäh und konnte den Jahreswechsel dennoch ausgiebig zelebrieren.

Über den Odeonsplatz gibt es allerdings weit mehr zu erzählen: Neben dem imposanten Flair locken die Feldherrenhalle samt ihren monumentalen Löwen, die Theatinerkirche, das Palais Leuchtenberg und die Residenz. Den Namen erhielt der Platz Anfang des 19. Jahrhunderts, als Ludwig I. den Bau eines Konzertsaals, des Odeons, anwies. Noch heute spielt die Musik auf dem Odeonsplatz eine große Rolle. Zumindest einmal jährlich bei „Klassik am Odeonsplatz".

Imposantes Flair am Odeonsplatz

Der Hofgarten – ein bisschen königliches Ambiente

So, schnell noch einen Coffee to go geschlürft und weiter ging's. In die direkte Nachbarschaft, in den Hofgarten (8). Hofgarten-Besuch klingt irgendwie vornehm und königlich. Als ich durch das grüne Areal im Herzen von München flanierte, fühlte ich mich sogar ein bisschen so. Wunderschöne Blumen- und Pflanzenvariationen bescherten mir einen regelrechten Augenschmaus. Nicht zu verachten sind auch die zahlreichen Bänke, die zum Verweilen einladen.

Ach ja, ein kurzes Päuschen hatte ich mir verdient. Ich genoss den restlichen Kaffee und beobachtete einfach die Leute – wie ich das liebe!

Wortwörtlich im Mittelpunkt steht der zauberhafte Pavillon, der Dianatempel. Dieser darf im Gegensatz zu den Rasenflächen sogar betreten werden. Das machte ich auch, betrachtete die vier Muschelbrunnen und lauschte der klassischen Musik von Straßenmusikern im Hintergrund. Das mit dem königlich ist übrigens gar nicht so weit hergeholt. So ist der Hofgarten nach Anweisung eines Blaublütigen entstanden. Herzog Maximilian I. war es, der zu Beginn des 17. Jahrhunderts den Auftrag erteilte. Inspirieren ließ er sich dabei von den Renaissancegärten in Italien. Mein Bella Italia hatte also die Finger im Spiel. Wunderte mich gar nicht.

Der Hofgarten ist übrigens der älteste Park der bayrischen Landeshauptstadt und auch die Umgebung ist ganz reizend. Denn an der nördlichen und westlichen Grenze flankieren die Arkadengänge mit ihren Wandmalereien den Hofgarten. Des Weiteren liegen im Osten die Bayerische Staatskanzlei mit dem Kriegerdenkmal sowie im Süden die Residenz. Wer einfach nur spielen will, findet im Hofgarten ebenfalls seine Erfüllung. Sobald die ersten Frühjahrs-Sonnenstrahlen vom Himmel blitzen, wird hier Boule und Pétanque gespielt. Somit lässt sich neben dem italienischen auch ein Hauch von französischem Flair zelebrieren. Ich blieb dennoch dem München-Gefühl treu und bog an der Nordostseite des Hofgartens in den Englischen Garten (9).

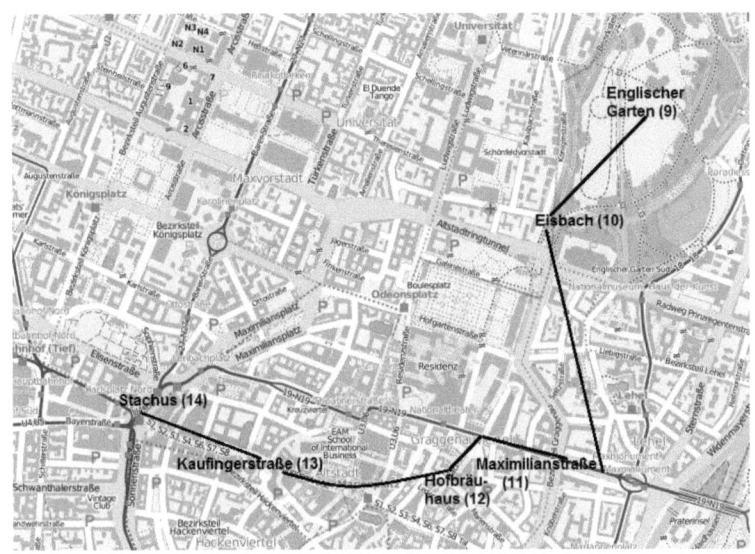

München-Route Teil 2. Quelle: OpenStreetMap
und Mitwirkende, CC BY-SA

Natur in Hülle und Fülle – Der Englische Garten

Der Englische Garten ist so riesig, dass er in puncto Größe sogar den Hyde und Central Park in die Tasche steckt. Man könnte sich dort leicht verlaufen, deshalb ließ ich mich sicherheitshalber von meinem Smartphone zu meinem Ziel leiten. Das funktionierte bestens und wenig später stand ich vor dem Eisbach. Egal ob Winter oder Sommer, der Eisbach (10) ist Kult. Er ist eine Ableitung der Isar und Teil des Bachsystems des Englischen Gartens. Außerdem der Grund für manchen Surfer nach München zu kommen beziehungsweise zu ziehen. Die bis zu einem halben Meter hohe „stehende" Welle gilt als die meist gesurfte Welle der Welt. Ich würde mich niemals in die Fluten stürzen, hatte aber mindestens genauso viel Spaß beim Zuschauen. Sei es wegen der knackigen Jungs oder deren nicht immer so gelungenen Manöver. Viele hielten der zwölf Meter breiten Welle nur wenige Sekunden stand. Dann hieß es wieder Schlange stehen und erneut aufs Wasser gehen. Offiziell erlaubt ist das Surfen dort erst seit dem 18. Juni 2010. Man betone offiziell.

Mutige Jungs und Mädels am Eisbach

Prunk und Brauerei

Die Münchener Schickeria – auf der Maximiliansstraße

Seit ich denken kann, hat München mit einem Schickimicki-Image zu kämpfen. Auch wenn man diesen Stempel bestimmt nicht der ganzen Stadt (und den Menschen) aufdrücken sollte, gibt es ein paar Ecken, die privilegiert dafür sind. Einem dieser Hotspots näherte ich mich gerade: der Maximilianstraße (11). Mit ihr verbindet man Prunk, Luxus und einen großen Geldbeutel. Während Münchener davon oft eher genervt sind, steht die knapp 1,5 Kilometer lange Meile bei Touristen meist ganz oben auf dem Besichtigungsplan.

Angefangen hat alles im Jahre 1853, als der Architekt Georg Friedrich Christian Bürklein sich der heutigen Glamourstraße annahm. Er entwarf unter anderem den Münchener Hauptbahnhof. Unterstützung bekam er von Ingenieur Arnold von Zenetti sowie Hofgärtner Carl von Effner. Räumlich gesehen beginnt die Maximilianstraße an der Münchener Residenz und führt ohne Kurven in Richtung Isar. Schluss ist am Maximilianeum, dem Sitz des Bayerischen Landtages.

Ich spazierte über das Luxuspflaster und schaute verstohlen in all die noblen Designerstores. Mal abgesehen davon, dass ich mir kein 3.000-Euro-Kleid hätte leisten können, wäre mir ein solcher Batzen Geld für ein kleines Schwarzes schon aus Prinzip so was von zu teuer. Wohin man dafür reisen könnte!

Doch die Maximilianstraße ist mehr als Shopping. Wahrhaftig! Dank des Mix aus verschiedenen Stilepochen wie der Renaissance oder der Neugotik zählt sie zu den außergewöhnlichsten architektonischen Plätzen in der bayerischen Landeshauptstadt. Da ich mich hier sowieso keinem Kaufrausch hingeben konnte, verließ ich die edle Meile bald wieder. Praktisch, dass unweit mein nächster und vorletzter Programmpunkt wartete.

Prunk und Luxus auf der Maximilianstraße

Bierpalast – das Hofbräuhaus

„Oans, zwoa, g'suffa ..." klang es schon von Weitem in meinen Ohren. Obwohl ich mir den Sound nur einbildete, stand ich nun tatsächlich vor dem Hofbräuhaus (12). *„In München steht ein Hofbräuhaus ..."* Die ganze Welt kennt das 1935 kreierte Stimmungslied. Ebenso kennt die ganze Welt den berühmten Münchener Bierpalast. Errichtet wurde er im Jahre 1589 aus ganz pragmatischen Gründen. Herzog Wilhelm V. aus Bayern ordnete den Bau des Hofbräuhauses an, um Kosten zu sparen. So wollte er die Bierproduktion für den Wittelbacher Hof selbst in die Hand nehmen und den Hefesaft nicht mehr für viel Geld aus Niedersachsen oder anderen Privatbrauereien beziehen.

„In München steht ein Hofbräuhaus ..."

Ich lugte hinein. Es war zwar erst später Nachmittag, die Stimmung erinnerte mich dennoch schon ein bisschen an das Oktoberfest. Zum zweiten Mal an diesem Tag verfiel ich ins Wiesn-Fieber und damit war ich offensichtlich nicht alleine. Bis zu 35.000 Besucher widmen sich hier täglich der Bayerischen

Trink-, Ess- und Feierkultur. Ich verzichtete auf Mass und Hendl und schritt zum Finale – Bier und Fleisch sind eh nicht so mein Ding.

Shopping in München

Normale Preise in der Kaufingerstraße

Wie so oft, ließ ich meinen Städtetrip auf der Haupteinkaufsmeile ausklingen. In München sind das die Kaufingerstraße (13) und die Neuhauser Straße. Hier dauerte mein Aufenthalt ein bisschen länger als auf der Maximilianstraße, was in erster Linie an den verträglicheren Preisen lag. Da alles mal ein Ende hat, kam ich irgendwann am Stachus (14) an, dem Ende der Fußgängerzone. Ich blieb ein Weilchen am Brunnen stehen und grinste in mich hinein. Ich schwelgte in Erinnerungen.

Shopping auch für Normalos – die Kaufingerstraße

Erinnerungen am Stachus

In der neunten Klasse bei einem Schulausflug nach München hatte ich meinen ersten Verweis bekommen. Meinen ersten von insgesamt (nur) zwei wohlgemerkt. Der Grund: Ich hatte den vereinbarten Treffpunkt nicht gefunden, den Stachus. Gemeinsam mit einer Freundin war ich nach unserer „Zeit zur freien Verfügung" umhergeirrt und war komplett desorientiert gewesen. Wer mich besser kennt, wundert sich darüber jetzt nicht. Mein Orientierungssinn birgt noch jede Menge Potenzial.

Der damalige Lehrer hielt die Geschichte für absurd und bezichtigte uns der willentlichen Verspätung, denn den Stachus findet eigentlich jeder. Wer nicht, fragt sich durch. Und die Wahrscheinlichkeit, dass ihm niemand den Weg weisen kann, liegt so ziemlich genau bei Null. Falls das mein damaliger Lehrer jetzt lesen sollte: Wir haben ihn wirklich nicht gefunden.

Das Karlstor am Stachus – meine letzte Station

Der Stachus, der amtlich übrigens Karlsplatz heißt, existiert als offizieller Platz seit 1791. Damals trug er noch den Namen Neuhauser-Tor-Platz. Der Grund: Der jetzige Karlsplatz lag auf der Salzstraße, die zum Örtchen – und heutigen

Stadtteil – Neuhausen führte. Die Ursprünge liegen allerdings noch weiter zurück, die Wurzeln des Karlsplatzes sind bereits im 14. Jahrhundert zu finden. Auf dem Platz im Herzen Münchens wurde zu dieser Zeit ein Tor errichtet, das heutige Karlstor (früher Neuhauser Tor). Neben dem Isar- und Sendlinger Tor das dritte Münchener Stadttor. Für mich jedenfalls war der Stachus jetzt nur eins: Meine Endstation, die mir mit Karamelleis, Cola light und großem Kino (Leute beobachten ist einfach grandios!) einen fulminanten Ausklang offerierte.

Musikanten am Karlstor

Mein Fazit

München hat mehr Sonnenscheinstunden und grantige Menschen als die meisten deutschen Großstädte. Dann wären da noch die besten Brezen, mein heißgeliebtes Oktoberfest, der Englische Garten, das Glockenbachviertel und, und, und. Summa Summarum: Die Weltstadt hat tatsächlich ein großes Herz und berührt auch meins immer wieder.

Meine Bewertung:

Sightseeing: 👠👠👠👠

Verkehrsmittel: 👠👠👠

Essen & Trinken: 👠👠👠

Shopping: 👠👠👠👠

Links zu München

Viktualienmarkt: http://www.viktualienmarkt-muenchen.de/

Katholische Stadtpfarrei St. Peter München: http://www.alterpeter.de/

Heilig Geist Kirche: http://www.heilig-geist-muenchen.de/?c=0

Karl-Valentin-Museum: http://www.valentin-musaeum.de/

Theatinerkirche: http://www.theatinerkirche.de/

Palais Leuchtenberg: http://www.muenchen.de/sehenswuerdigkeiten/orte/120390.html

Residenz München: http://www.residenz-muenchen.de/

Klassik am Odeonsplatz: http://klassik-am-odeonsplatz.de/

Hofgarten am Odeonsplatz: http://www.muenchen.de/sehenswuerdigkeiten/orte/120231.html

Hofbräuhaus: http://www.hofbraeuhaus.de/

Bildnachweis

Alle Bilder innerhalb dieses Buches stammen von:

- Martina Dannheimer

- OpenStreetMap und Mitwirkende, CC BY-SA

- jara3000: http://www.shutterstock.com/pic-132687290/stock-vector-high-heel-shoes-silhouette.html?src=csl_recent_image-1